글 양화당

햇살 좋은 사무실에서 어린이책을 기획하고 집필하는 일을 하고 있습니다.
어린이들이 재미있게 읽으면서도 마음의 양식으로 삼을 수 있는 따뜻하고
영양가 있는 책을 많이 쓰고 만드는 게 꿈이랍니다. 쓴 책으로는
<새콤달콤 열 단어 과학 캔디> 시리즈와 <보글보글 열 단어 한국사 라면> 시리즈,
『신비아파트 공부 귀신 1. 발명품이 사라졌다!』 등이 있습니다.

그림 권송이

서울시립대학교 환경조각과를 졸업하고 어린이책에 그림을 그리고 있습니다.
어떻게 하면 멋진 그림으로 아이들과 재미있는 생각을 나눌까 고민할 때가
가장 즐겁습니다. 그린 책으로 『애덤 스미스 아저씨네 경제 문구점』,
『밥상에 우리말이 가득하네』, 『미래가 온다, 신소재』 등이 있습니다.

K탐정의 척척척 대한민국 8
예비 탐정 덜겅, 서울을 누비다!

초판 1쇄 발행 2025년 3월 21일 | 초판 2쇄 발행 2025년 6월 9일
글 양화당 | 그림 권송이

발행인 윤승현 | 편집장 안경숙 | 편집관리 최새롬 | 편집 이혜진 | 디자인 아이디스퀘어
마케팅 정지운, 박현아, 원숙영, 김지윤, 황지영 | 제작 신홍섭

펴낸곳 (주)웅진씽크빅 | 주소 경기도 파주시 회동길 20 (우)10881
문의 전화 031)956-7523(편집), 031)956-7569, 7570(마케팅)
홈페이지 www.wjjunior.co.kr | 블로그 blog.naver.com/wj_junior
트위터 @new_wjjr | 인스타그램 @woongjin_junior
출판신고 1980년 3월 29일 제406-2007-00046호 | 제조국 대한민국 | 사용연령 7세 이상

글 ⓒ양화당, 2025 | 그림 ⓒ권송이, 2025
저작권자와 맺은 특약에 따라 검인을 생략합니다.

ISBN 978-89-01-27586-4 74300 · 978-89-01-25830-0(세트)
*잘못 만들어진 책은 바꾸어드립니다.

웅진주니어는 (주)웅진씽크빅의 유아·아동·청소년 도서 브랜드입니다.
저작권법에 의해 한국 내에서 보호를 받는 저작물이므로 무단 전재와 무단 복제를 금지하며,
이 책 내용의 전부 또는 일부를 이용하려면 반드시 저작권사와 (주)웅진씽크빅의 서면 동의를 받아야 합니다.

⚠️주의
1. 책 모서리가 날카로워 다칠 수 있으니 사람을 향해 던지거나 떨어뜨리지 마십시오. 2. 보관 시 직사광선이나 습기 찬 곳은 피해 주십시오.

K탐정의 **척척척 대한민국**

양화당 글 | 권송이 그림

8 예비 탐정 멸겅, 서울을 누비다!

웅진주니어

 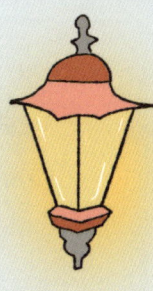

·K탐정 프로필·

나이: 13세
학력: 어린이 탐정학교 공동 수석 졸업
장래 희망: 오빠를 뛰어넘는 명탐정
특기: 뛰어난 시각, 직감으로 증거 찾아내기
취미: 탐정 소설 읽기

나에게는 5분 빨리 태어난 쌍둥이 오빠가 있어.
쌍둥이 오빠가 영국 셜록 탐정학교로
유학을 떠나며, 신비한 갓을 물려주었어.
이 갓은 쓰기만 하면 갑자기 아이큐 급상승!
오빠의 탐정 사무소도 물려받기로 했지.
이제부터는 내가 대한민국 K탐정이라고!

제니
미국에서 온 여자아이. 눈썰미가 있고 눈치가 빨라 말이 낯선 대한민국에서도 잘 적응함. 시니컬한 말투가 특징.

홍스
부산에서 온 남자아이. 셜록 홈스를 좋아하는 아빠가 훌륭한 탐정이 되라며 '홍스'라는 이름을 지어 줌. 호기심 많기로는 둘째가라면 서러울 정도.

블루냥
친구 레드오를 만나러 지구에 왔다가 K탐정의 조수가 됨. 도도해 보이지만, 호기심 많은 엉뚱이.

심술남
안꽃님 할머니를 짝사랑하는 할아버지.

B탐정
세계 탐정 캠프 강사. 눈빛이 날카롭고 매서워, 보고 있으면 마치 눈에서 레이저 빔이 나오는 것 같음. K탐정을 라이벌로 여김.

오 마이 갓 백과 수도란? ·16
K탐정의 세계 탐구 세계 여러 나라의 수도 이름이 궁금해! ·24

오 마이 갓 백과 한강이란? ·33
K탐정의 세계 탐구 수도가 되기 위한 조건 ·40
에필로그 편단심 할아버지가 첫사랑과 헤어진 사연 ·42

오 마이 갓 백과 사대문이란? ·49
K탐정의 세계 탐구 모든 길은 로마로 통한다! ·56

**4장
도시가 커진다고?**
58

오 마이 갓 백과 도시화란? ·65

**5장
인구 밀도가 높다고?**
72

오 마이 갓 백과 인구 밀도란? ·77
K탐정의 세계 탐구 점점 가라앉는 수도, 자카르타 ·86

**6장
특별시가 또 있다고?**
88

오 마이 갓 백과 행정 구역이란? ·93
K탐정의 세계 탐구 알래스카주가 미국 땅이 된 사연 ·100

1장
서울이 수도라고?

이곳은 앞으로 한 달 동안 세계 탐정 캠프가 열리는 곳.
먼저 강사를 소개할게.

이제 탐정 캠프에 대해 궁금한 것이 있으면 질문해도 좋아.

대한민국의 수도는 서울이야.
미국의 수도는 워싱턴 D.C., 영국의 수도는 런던이지.
서울은 지명이기도 하지만 수도를 나타내는
순우리말이기도 해. 그래서 "영국의 수도는?"이라는
말 대신 "영국의 서울은?"이라고도 말할 수 있어.

음, 아주 날카로운 질문이야. 탐정의 자격이 충분한걸.
지금부터 이야기 하나 들려줄게.

이 도읍이 현대에 와서 '수도'로 바뀌었어.
지금은 왕 대신 대통령이 살고 있지.
그래서 수도는 나라를 대표하는 도시라고 할 수 있어.

또한 수도에는 나라의 행정을 담당하는 중앙 정부 청사,
국회 의원들이 모여 법을 만드는 국회 의사당,
법을 적용해 판단하는 대법원 등도 있어.
수도는 나라의 중요한 일들이 결정되는
아주 특별한 도시라고.

자, 수도 설명은 이 정도로 그만!
이제부터 자기소개를 해 볼까?

딩동댕! '한양'은 가장 널리 알려진 서울의 옛 이름이야.
서울은 한양 말고도 다양한 이름으로 불렸어.

내일부터 본격적인 탐정 수업을 시작할 거야.
모두 숙소로 해산!

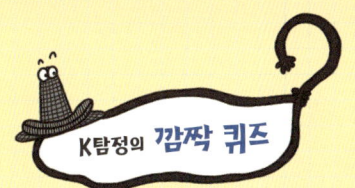

K탐정의 깜짝 퀴즈

고구려 유리왕 때, 하늘에 제사를 지내려고 준비한 돼지가 달아나 버렸어. 깜짝 놀란 신하들이 쫓아가 보니, 산세 좋고 먹거리가 풍부한 곳에 이르렀지. 신하들은 돼지가 그 땅을 점지해 준 것 같다며 왕에게 수도를 옮기자고 건의했어. 그곳이 바로 고구려의 두 번째 수도인 국내성이야.

보통은 하나지만, 남아프리카 공화국은 수도가 셋이야. 1900년 초, 여러 나라가 합쳐질 때 서로 자기네 나라의 수도를 연합 국가의 수도로 밀다가 의견이 모아지지 않자 수도의 역할을 나눠 갖게 되었어.

세계 여러 나라의 수도 이름이 궁금해!

나라 이름은 알아도 수도가 어딘지 모르는 경우가 많아.
세계 여러 나라 중 특별한 이름의 수도를 알아볼까?

이름이 가장 긴 수도, 방콕

태국의 수도 방콕은 정식 이름이 '끄룽 텝'으로 시작하는데, 한글로 적으면 67자, 알파벳으로 적으면 무려 169자나 돼. 아이들은 초등학교에 들어가면, 이 긴 이름을 통째로 외워야 한대.

방콕은 그냥 별칭이다옹.

끄룽 텝 마하나콘 아몬 라따나꼬신 마힌타라 유타야 마하딜록 폽 노파랏 랏차타니 부리롬 우돔랏차니웻 마하사탄 아몬 피만 아와딴 사팃 사카타띠야 윗사누깜 쁘라싯

대통령의 이름을 딴 수도, 워싱턴 D.C.

미국의 수도 워싱턴 D.C.에서 '워싱턴'은 초대 대통령의 이름이야. 'D.C.'는 컬럼비아 특별구의 줄임말로, 아메리카 대륙을 발견한 콜럼버스의 땅이란 뜻을 담고 있어.

이게 워싱턴 기념탑이군.

여신의 수도, 아테네

그리스의 수도 아테네는 신화에서 비롯됐어. 아직 이름이 없던 시절, 지혜의 여신 아테나와 바다의 신 포세이돈이 서로 수호신이 되려고 내기를 했는데, 그리스 사람들은 올리브 농사법을 알려 준 아테나를 선택했지. 그 뒤로 도시의 이름이 아테네가 되었고, 여신을 모시는 파르테논 신전도 지었대.

> 수도 이름을 알면, 그 나라의 역사가 보여.

나라 이름과 같은 수도, 싱가포르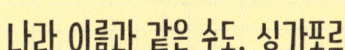

싱가포르의 수도는 싱가포르로, '사자의 도시'란 뜻이야. 인도네시아의 어느 왕자가 이곳에 표류했을 때 바닷가의 사자를 보고 붙인 이름이래. 그래서 싱가포르 시내 곳곳에 인어 모습을 한 사자상이 있지.

2장
한강이 왜 중요해?

탐정 캠프에 참가한 학생이 밤새 사라졌다고?
하지만 걱정할 필요 없어.
대한민국 최고의 명탐정, K탐정이 여기 있으니까!

사건이 일어나면 사건 현장부터 살피는 게 인지상정!
탐정의 기본 능력 첫째, 눈썰미로 홍스의 침대를
조사하자!

이번엔 탐정의 기본 능력 둘째, 암기력 기억나지?
어제 홍스가 했던 말과 행동을 모두 떠올려 봐.

서울에서 제일 맛난 즉석 라면? 그게 바로 실마리야!
즉석 라면이라면 한강이지!

세계 여러 나라의 수도가 대부분 강을 끼고 있는 건
알고 있니?

서울이 대한민국의 수도가 된 것도 한강 덕분이야.
강이 있으면 마실 물이 풍부하고, 농사짓기 쉽거든.
'한강'은 말 그대로 '큰 강'이라는 뜻이야.
한강의 다른 이름인 '아리수'도 역시
'큰 강'이라는 뜻이지.

아주 좋은 질문이야!
좋은 탐정이 되려면 작은 일에도 호기심을 가져야 하지.
한강이 큰 강이 된 건 많은 물이 흘러들어서야.
처음 시작되는 태백시 검룡소부터 서해 바다까지
494킬로미터를 흘러가는 동안 무려 920여 개의
크고 작은 하천이 모여 한강이 되었단다.

한강에는 다리도 아주 많아.
한강을 가로지르는 다리는 모두 31개인데,
그중 수도 서울에서 관리하는 다리는 28개야.

한강 양옆에는 시민의 여가와 휴식을 위해 꾸민
한강 공원이 11개나 있어.
이곳 편의점에서 끓여 먹는 즉석 라면 맛이
서울 최고란 건 안 비밀!

K탐정의 깜짝 퀴즈

한강에 사라진 섬이 있다고?

YES 성동구 옥수동 앞에는 저자도라는 섬이 있었어. 갈대숲과 흰 모래밭이 아름다워서 태종과 세종 임금이 자주 찾아 즐겼다는 아름다운 섬이지. 하지만 이 섬은 1972년에 흔적도 없이 사라졌어. 강남 지역 아파트를 지으면서 필요한 모래를 이곳에서 모두 퍼다 썼기 때문이야.

한강 공원의 건물은 홍수가 나면 물에 잠겨?

부력 장치

NO 한강 공원은 홍수가 나면 물에 잠기는 일이 많아. 이런 일을 대비해서 한강 공원에 편의점 등을 지을 때 건물 아래쪽에 부력 장치를 넣었어. 그래서 홍수가 나 공원이 물에 잠겨도 건물은 물 위로 둥둥 떠올라.

수도가 되기 위한 조건

서울은 주변에 드넓은 평야가 있고, 물이 풍부한 한강이 흘러서 아주 먼 옛날부터 수도가 되었어. 다른 나라의 수도는 어떨까?

국토의 중앙에 있는 수도, 마드리드

에스파냐의 마드리드는 원래 아무런 주목도 못 받던 작은 도시였어. 그런데 1561년 강력한 왕인 펠리페 2세가 지방 세력을 누르고, 왕의 힘을 강화하기 위해 국토의 중앙에 있는 마드리드를 수도로 정했어. 마드리드는 사방 어디로든 쉽게 이동할 수 있는 교통의 요지였거든.

여기!

산이라 시원한걸.

높은 곳에 있는 수도, 멕시코시티

멕시코의 멕시코시티는 2,240미터나 되는 높은 곳에 있는 수도야. 멕시코시티가 수도가 된 것에는 기후가 한몫했어. 이곳은 적도에 가까운 열대 지방이지만, 산 위 높은 곳에 있어서 더위가 심하지 않아. 연평균 기온이 12~16도로 사람들이 살기 좋지.

운하로 둘러싸인 수도, 암스테르담

네덜란드의 암스테르담은 원래 암스텔강 하구에 있는 작은 어촌 도시였어. 이곳은 호수와 늪지대가 많았는데, 도시의 물을 빼내고 둑을 쌓아 주변에 운하를 만들었지. 이 운하를 통해 다양한 무역품을 실은 배가 자유롭게 드나들었어. 그러자 암스테르담은 유럽 최고의 무역 도시로 성장했고, 네덜란드의 수도까지 되었어.

3개 대륙을 연결하는 수도, 카이로

이집트의 카이로는 아프리카 대륙 북쪽에 자리 잡은 도시야. 유럽·아시아·아프리카 대륙을 연결하는 위치에 있어서 세력을 넓히기에도 좋고, 무역에도 유리했어. 그 덕분에 카이로는 일찍부터 고대 문명을 꽃피웠고, 이집트의 수도가 된 뒤 북아프리카 최대 도시로 성장할 수 있었어.

> 다른 나라의 수도도 모두 사람들이 살기 좋고 이동하기 편리하다는 특징이 있네.

3장

서울에 큰 문이 있다고?

조선 시대 한양에는 임금이 사는 궁궐인
경복궁이 있었어.
그 궁궐을 지키기 위해 주변을 성곽으로 둘러쌌고
성곽의 동서남북 방향으로 큰 대문을 네 개 냈어.
그게 바로 사대문이야.

사대문 안에는 주로 임금과 지체 높은 양반이 살고
백성들은 대부분 사대문 밖에서 살았어.

사대문은 밤 10시부터 다음 날 새벽 4시까지
출입을 금지하고, 군사들이 지켰어.
통과하려면 비밀 암호를 대야 했지.

이 암호는 저녁마다 군사 담당자가 세 글자 이내로
만들고, 임금이 승인해 은밀히 전달했어.
이제 암호 실습을 해 볼까?

탐정이라면 어느 시대의 암호라도 풀 수 있어야 해. 여기 사대문 안 지도가 있어. 조선 시대의 암호표를 이용해 장소가 어디인지 맞혀 봐.

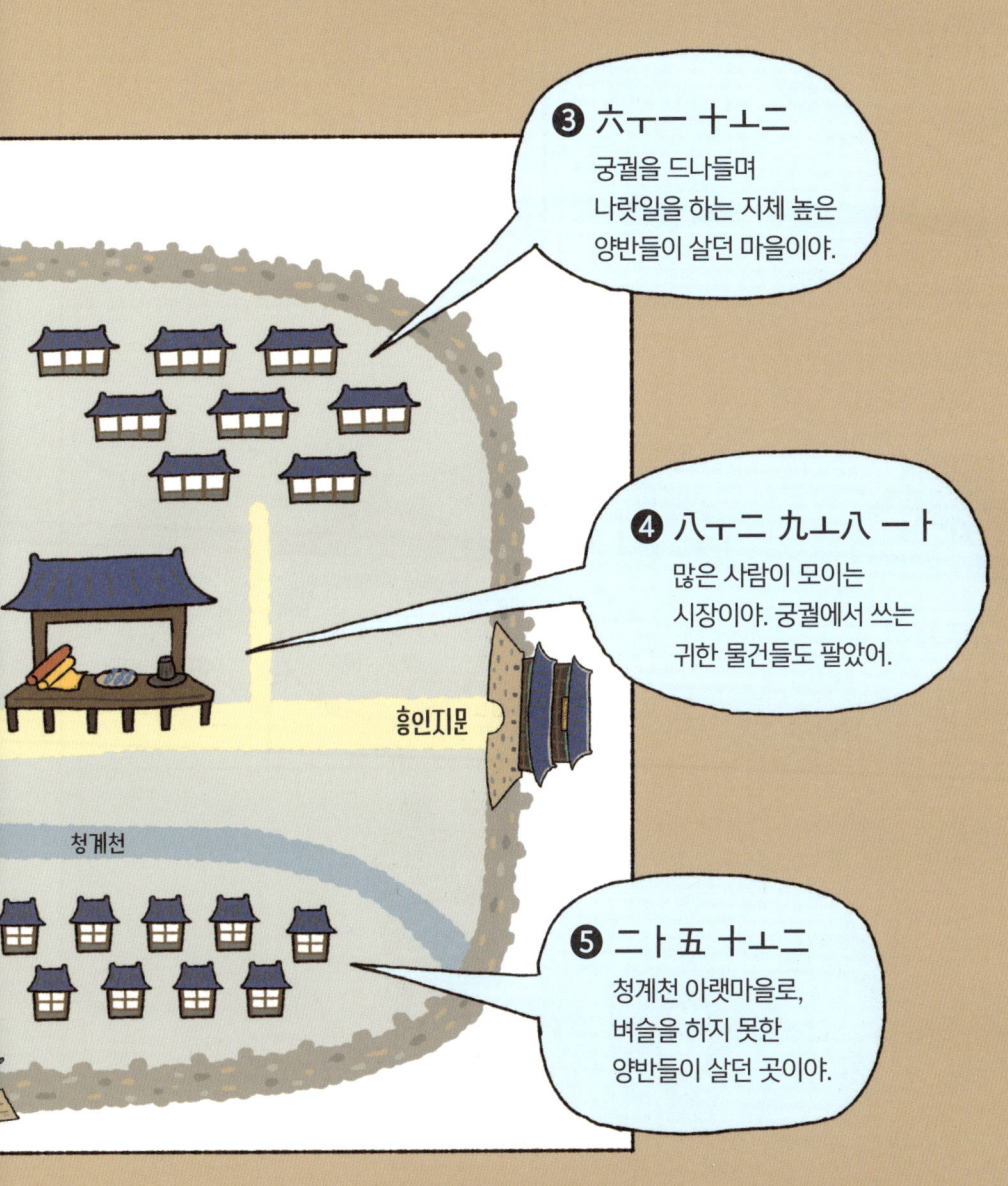

K탐정의 깜짝 퀴즈

한양에 양반을 피해 다니는 길이 있었어?

YES — 조선 시대에 종로 육조 거리에서는 말을 탄 양반이 지나가면, 백성들은 길에 엎드려야 했어. 그래서 백성들은 말을 탄 양반을 피하려고 좁은 길로 돌아서 다니기 시작했지. 이 길을 말을 피한다는 뜻으로 '피마길' 또는 '피맛골'이라고 불렀어.

유럽의 도시에도 사대문이 있어?

NO — 그리스 아테네의 아고라, 에스파냐 마드리드의 마요르 광장, 영국 런던의 트래펄가 광장처럼 유럽의 도시에는 대문 대신 광장이 있어. 유럽에서는 광장을 시민들이 모여 정치나 사회 활동을 하는 중요한 장소로 여겨서 도시를 지을 때 맨 먼저 만들었다고 해.

모든 길은 로마로 통한다!

이 말은 서양의 유명한 격언이야. 어디에서 출발해도 다 로마로 이어진다는 뜻이지. 왜 이런 말이 생겼을까?

4장
도시가 커진다고?

스스로 해결하겠다니 기특하군.
그럼 내가 도와주도록 하지.
오래전 사건이라고 겁먹을 필요 없어.
뛰어난 탐정은 역사책에 나온 기록 한 줄로
수백 년 전 살인 사건을 해결하기도 하거든.

자, 먼저 할아버지 첫사랑이 계실 만한 곳을 생각해 보자.
전쟁이 끝난 뒤 할머니도 고향으로 돌아가셨을 거야.
할머니의 고향이 어딘지 알고 있니?

천만의 말씀!
너희의 추리는 아주 훌륭했어.
다만 75년이 흘렀다는 사실을 기억할 필요가 있어.
이곳은 예전에는 논밭이 있는 농촌이었지만
지금은 도시화 때문에 이렇게 아파트촌으로 변한 거야.

도시화란?

도시가 되어 가는 **과정**. 인구가 한 지역에 집중되면서 그 지역이 차츰 커지고, 생활 모습이 바뀌는 걸 말한다.

조선 시대 이후에 서울은 조금씩 커지다가
전쟁이 끝난 1960년대부터 크게 확장되어
지금의 모습을 갖추게 되었어.
이렇게 서울이 커진 건 여러 회사나 공장이
많이 들어선 도시화 때문이야.
그 덕분에 일자리가 많이 생기다 보니
시골을 떠나 서울로 이사 온 사람도 많아졌지.

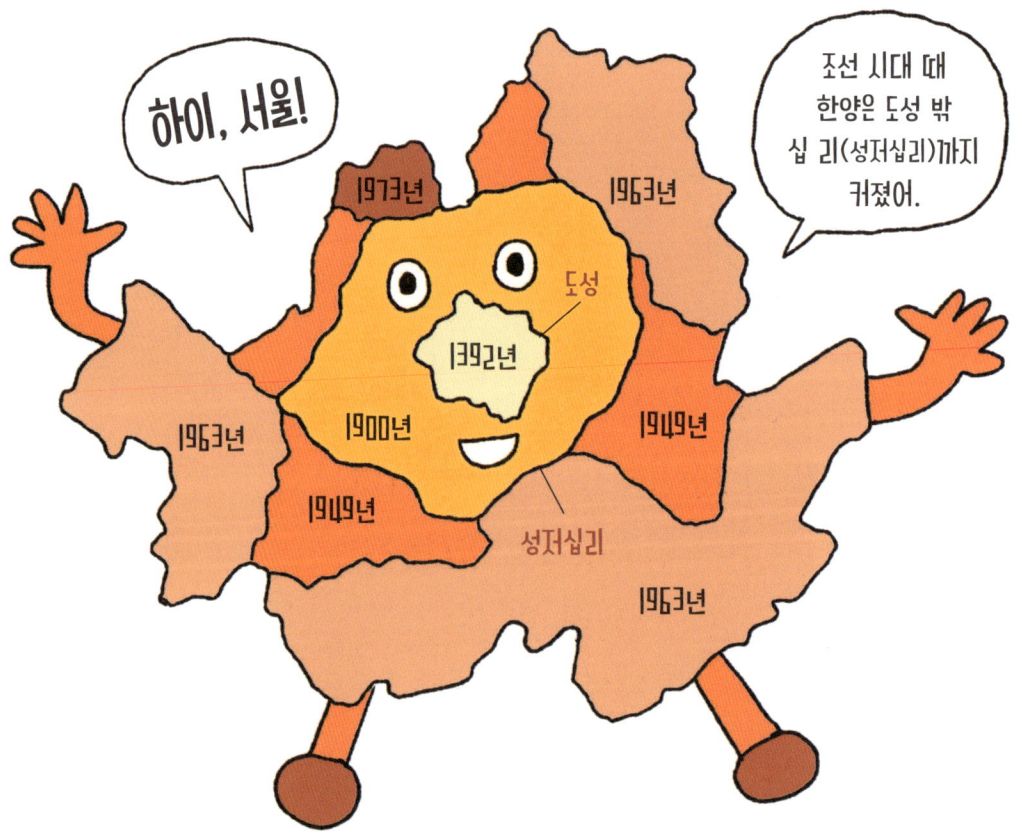

도시화가 진행되면서 서울은 커지기만 한 게 아니라 생활 모습도 많이 바뀌었어.

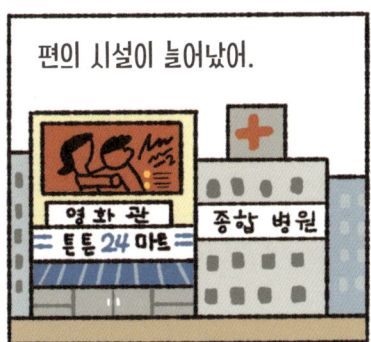

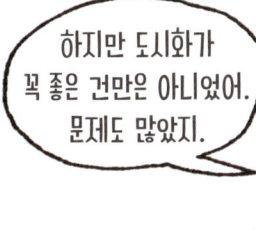

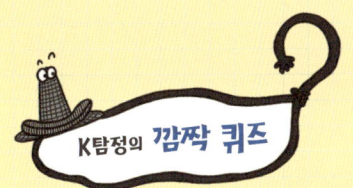

K탐정의 깜짝 퀴즈

일제 강점기에 우리나라 첫 아파트가 지어졌다고?

YES 우리나라 첫 아파트는 1938년에 서울 충정로에 지어진 지하 1층, 지상 5층의 충정아파트였어. 이 건물은 60세대 정도가 살 수 있었어. 최근까지도 사람이 살다가 2022년에 철거가 확정되었어.

홍콩에는 에스컬레이터로 이동하는 동네가 있어?

YES 홍콩은 좁은 땅에 많은 사람이 모여 살아서 땅값이 아주 비싸. 높은 언덕에도 집이 많은데, 이런 동네에 사는 사람들이 쉽게 이동하도록 800미터나 되는 에스컬레이터를 설치했지. 출근 시간에는 아래쪽으로, 그 외 시간에는 위쪽으로 움직이도록 방향이 바뀌어.

5장
인구 밀도가 높다고?

윽! 사람이 많은 지옥철에 왜 나를 부른 거야?
그것도 가장 붐비는 환승역에서 말이야.

그건 서울의 인구 밀도가 높아서, 교통 문제를
해결하기 위해 여러 노선이 생겼기 때문이야.

우리나라의 인구 밀도를 계산해 볼까?

| 인구 밀도 = 사람의 수 ÷ 땅의 넓이 |

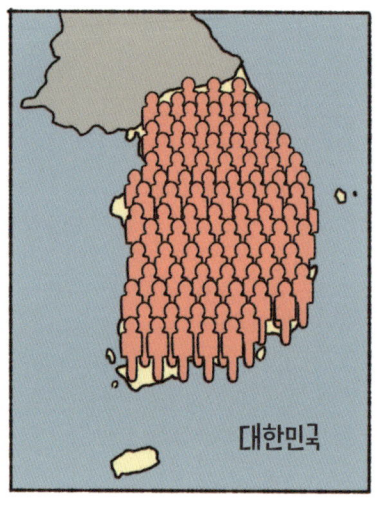

우리나라에 살고 있는 사람의 수는 약 5,171만 명이고, 우리나라 땅의 넓이는 약 100,449㎢(제곱킬로미터)야. 그래서 우리나라의 평균 인구 밀도는 약 515명/㎢지.

*출처: 2023년/KOSIS 국가통계포털

이번엔 서울의 인구 밀도를 계산해 볼까?
서울에 사는 사람의 수는 약 938만 명이고,
땅의 넓이는 약 605㎢야. 따라서 서울의 인구 밀도는
약 15,506명/㎢로 우리나라에서 가장 높아.

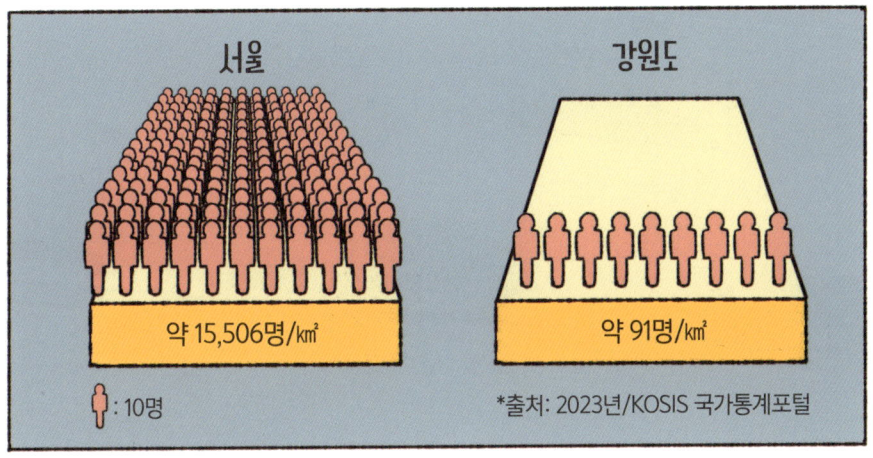

우리나라 평균 인구 밀도의 약 30배이고,
인구 밀도가 가장 낮은 강원도의 약 170배나 돼.
서울에 얼마나 많은 사람이 사는지 알겠지?

인구 밀도가 높다고 서울의 땅을 한없이 넓힐 수는 없어.
그 대신 서울에 집중된 인구를 분산시키기 위해
성남과 고양에 분당과 일산 같은 신도시를 건설했지.
또 서울 주변 도시에 수도의 역할을 나눠 주었어.

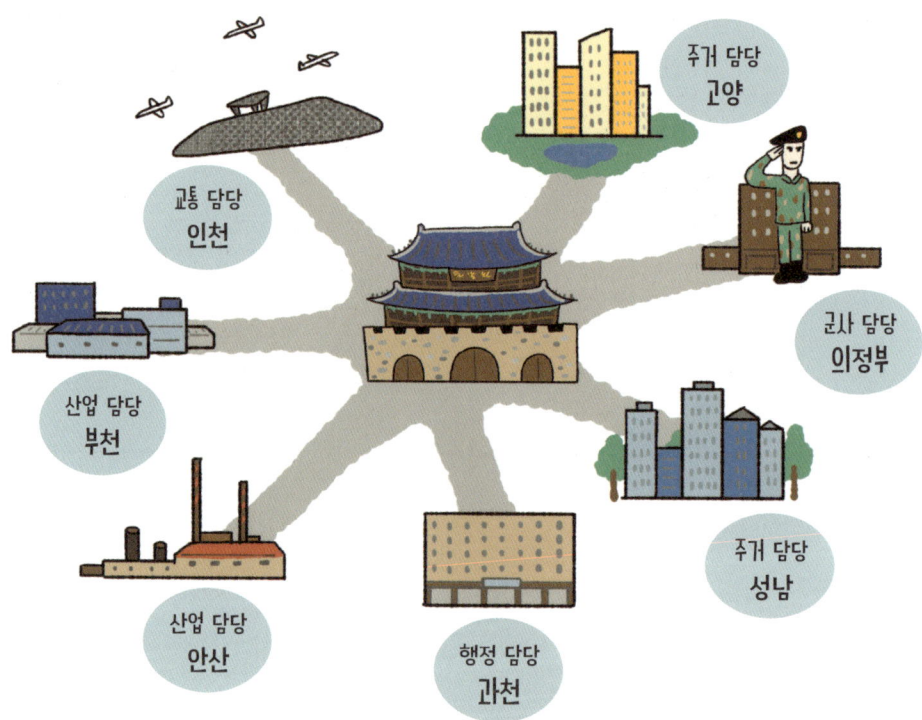

이처럼 수도 서울을 중심으로 연결된 지역들을
'수도권'이라고 불러. 서울특별시와 인천광역시,
경기도 지역이 수도권에 해당돼.

수도권 사람들은 서울에 살지 않아도 서울의 경제, 문화 시설을 이용할 수 있기 때문에 생활이 아주 편리해.

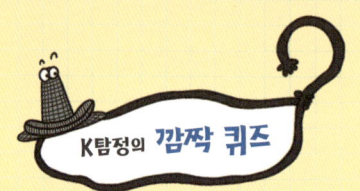

K탐정의 깜짝 퀴즈

조선 시대에도 신도시가 있었어?

YES 정조는 억울하게 죽은 아버지, 사도 세자의 묘를 수원으로 옮긴 뒤, 그 주변에 신도시를 세우고 화성을 지었어. 거중기를 이용해 2년 반 만에 완성한 화성은 방어 시설을 잘 갖추었는데, 현대에 와서는 매우 아름답다는 평가를 받아 유네스코 세계 문화유산으로 등재되었어.

지하철을 영국이 맨 먼저 만들었다고?

YES 1863년, 영국 런던은 교통 문제가 심각했어. 기차가 런던 외곽까지만 다녔기 때문에, 기차에서 내린 많은 사람이 모두 마차를 이용해 시내로 들어왔거든. 그 마차들로 도시의 길이 항상 막히자, 도시 지하를 통과하는 터널을 만들고 세계 최초로 지하철을 개통했어.

점점 가라앉는 수도, 자카르타

인도네시아 대통령은 2045년까지 수도를 자카르타에서 누산타라로 옮기겠다고 발표했어. 왜 그런 결정을 내렸는지 이야기를 들려줄게.

인도네시아는 17,000개가 넘는 섬으로 이루어진 섬나라야. 수도인 자카르타도 바다에 맞닿은 도시지.

2023년을 기준으로, 자카르타의 인구 밀도는 약 17,172명/㎢야.

또 막혀!

도시가 비좁아지자 사람들은 주변의 숲을 없앴어. 그러자 홍수가 잦아져 땅이 잠기는 일이 많았어.

나무를 베서 집을 짓자!

숲을 없애고 넓은 도로를 내자!

6장

특별시가 또 있다고?

뭐? 할아버지와 할머니가 못 만나셨다고?
그럼 할아버지는 어디에 계신 거지?

행정 구역이란?

나라를 편리하게
다스리기 위해
땅을 **나누어** 놓은 것.
대한민국에는 크게
도와 **시**가 있다.

대한민국의 행정 구역을
자세히 살펴볼까?
'도'는 대한민국을 큰 지역으로
나눈 행정 구역이야.
모두 9개이고, 그중 3곳은
특별자치도로 지정되었어.
'시'는 도보다 작은 행정 구역으로
보통 도에 속하지만,
그렇지 않은 경우도 있어.

서울특별시는
대한민국 수도로,
어느 도에도
속하지 않아.

광역시는
지역의 중심이 되는
큰 도시로, 모두 6개야.
광역시도 어느 도에도
속하지 않아.

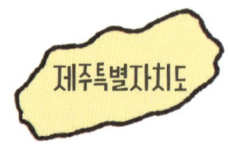

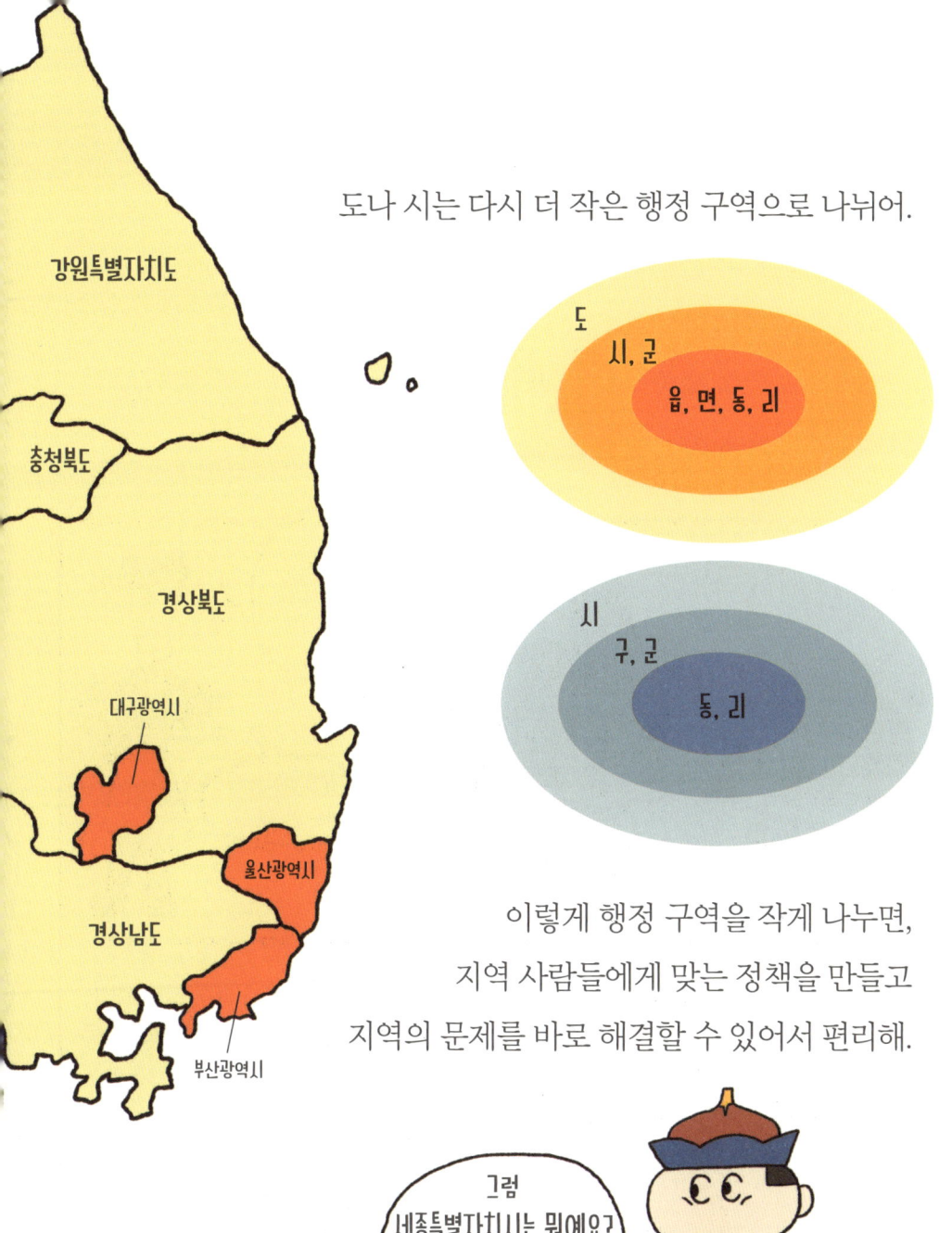

도나 시는 다시 더 작은 행정 구역으로 나뉘어.

이렇게 행정 구역을 작게 나누면, 지역 사람들에게 맞는 정책을 만들고 지역의 문제를 바로 해결할 수 있어서 편리해.

그럼 세종특별자치시는 뭐예요? 서울특별시처럼 수도예요?

No! 하지만 수도만큼 중요한 도시지.
2012년에 나랏일을 하는 행정부 일부를 옮기기 위해
새로 만든 도시거든.
앞으로 국회 세종 의사당과 대통령이 일하는
제2집무실도 이곳에 세워질 거야.

K탐정의 깜짝 퀴즈

도 이름에 도시 이름이 숨어 있다고?

 충청도, 전라도, 경상도, 강원도는 조선 시대에 지어진 이름인데, 그 당시 가장 유명한 두 도시의 이름을 따와 만들었어. 충청은 충주와 청주, 전라는 전주와 나주, 경상은 경주와 상주, 강원은 강릉과 원주지. 이름 뒤에 붙은 '도'는 그 지역으로 가는 길목이란 뜻이야.

도로 이름도 행정 구역이야?

보통 주소는 시, 군, 구 다음에 도로 이름과 숫자를 붙여서 나타내. 이때 도로 이름은 행정 구역은 아니지만, 위치를 정확하게 나타낼 수 있어서 아주 유용해. 큰길은 '로', 작은 길은 '길'로 표시하고, 이름 뒤에 서에서 동, 남에서 북 순서로 숫자를 붙이는데, 왼쪽은 홀수, 오른쪽은 짝수야.

알래스카주가 미국 땅이 된 사연

지도를 보면, 알래스카주는 미국과 뚝 떨어져 북극과 가까운 곳에 자리 잡고 있어. 그런데 어떻게 이곳이 미국 땅이 된 건지 이야기를 들어 볼래?